LENGUA A TU PIRAGUA

Victoria Paz

ISBN: 9798591528034

Diseño de la portada: Efraín Rivera
Editora invitada: GM Sánchez

Fotografía: Yami Rodz
Instagram: @yami.rodz.photography
Website: https://www.yami-rodz-photography.com/

Arte visual: Kinky Colors
Instagram: @kinkycolors
Facebook: @kinkycolorscp
Email: kinkicolorsscp@gmail.com

*A mi esposo, Jimmy,
por ser el mejor esposo y el ser
que más se ha dejado amar.*

*A todas las personas que buscan
y luchan por una sexualidad
libre, saludable y consentida.*

Agradecimientos:

Agradezco al bajista Diego Saldaña y a la fotógrafa Yami Rodz, por leerme y apoyarme con sus perspectivas; a Daisy Marrero por sus maravillosas ilustraciones *raw*; a la escritora Ginna Salamán, compinche desde escuela intermedia, *forever and beyond*, por el montaje de este libro; a los escritores amados Rogel Torres, José E. Santos, Giancarlo Amadeo, Silica Lugo, Helen Karpenko y Osvaldo Sánchez cuyas ideas dieron dirección al trabajo; al albañil Frederick Sánchez por "un filtro de cultura popular"; a la traductora Elnur Elgin, por traducir muchos de mis poemas al turco; a mis actores favoritos Okan Yalabık y Aras Bulut İynemli quienes indirectamente inspiraron algunos de estos poemas; a Виктория Смирнова y a Magdalena Sukiennik por informar actualizaciones sobre Okan; al grupo de Facebook, Okan Yalabık Fanı Olmak Ayrıcalıktır por permitirme publicar algunos de mis poemas en sus *posts*; al artista Rubén Rolando, por sus enigmáticos dibujos sexual-astrales; al artista Senior Coconut, por sus ilustraciones mágicas de sexo en las cuales encuentro inspiración; a Carla Morrison por escribir poesías en canciones; a Julia de Burgos por ser la mejor poeta del planeta; a ustedes, por darme la oportunidad de ser leída, gracias; a mi papá José Antonio Betancourt Colón, por haberme prestado su imaginación; a mi madre, Janet López Crespo, por prestarme su herencia artística y creativa; a mi familia, amigas y amigos; amigues y amigxs. Agradezco a Dios, por ser motor y Señor, supremo de todo. A la Dra. María "Concha" Hernández García y a la Dra. Aurora Lauzardo Ugarte por todo el apoyo académico durante mis años de formación.

SALUD Y DIETÉTICA SEXUAL

Bebidas

Hombre lascivo
vivo agradecida contigo
con todos esos detalles que haces por mí

Como cuando un día yo tenía sed
una gota de sudor te bajó hasta la barbilla
mientras me calzabas

Acercaste la cara
y te chupé esa gota que tenías
Sabía a ti (néctar salino, dios marino
dueño del mineral que da vida
dueño de la sal y de mis vicios)

Después te paraste
y me diste caricias de boca:
me pasaste suave
ese mulato labio inferior por un pezón

Luego subiste del busto a la boca
y ablandaste los labios
para que mi lengua abriera paso en tu boca
y tragué de tu saliva

Fue extraño
que te me sentaras en el pecho
con la verga tiesa, y el ñemo dispuesto
La puse entre las tetas
y chupaba poco a poco
mientras subías y bajabas entre ellas

Yo te masturbaba
con tetas y lengua

Entonces recordé mi infancia:
le di lengua a tu piragua
y me diste biberón de leche

Ese día que tenía sed
me diste sexo, sudor, saliva y semen

Majado de yuca

Una vez me dijiste
que un majado de yuca te había quedao brutal
y yo, ¿te puedo majar la yuca?
Me parece que cocinas casi todos los días
cocinas todos los días
un pedazo, un tamaño
un vicio que tienes en los pantalones
que a mí me trae rodando

Es que lo salas, lo mojas
y te lo pones bien tierno
(y yo aquí sudando)

De cocinar sé poco
pero cosechar la yuca que se cría
entre tus muslos...
Eso sí lo puedo hacer
¿me darías yuca?

La faena del queso

Mañana tengo cita con un queso
para ordeñarte pronto
sacarte la leche
y la magia de toro

Tu leche es mía
orden divina
orden de ordeñarte

Sacudirte, exprimirte
estrujarme contigo
ordeñarte el dicho

Alimentos

¿Si me chuparas los senos como límbers de coco
y le dieras lengua a mis dos piraguas trigueñas?
¿O si me exprimieras como una china?
¿O si me explotaras la *cherry*, la bellota?

¿Cómo haces que me moje tanto
que tenga que exprimir los pantis
y mapear el piso?
Te doy té de mis pantis mojados
si me das del té blanco

Ojalá me cogieras por el pelo
e hicieras una trenza
con mis bellos alambres

Y si hicieras eso

yo dejaría de ver bajar
entre los muslos
mi propio yogur, pensándote

Y mi jugo estaría mezclado con tu jugo
porque entremedio de mis muslos
estarías meciéndote tú

Porque tengo un jambelguel
con lechuga romana negra
y queso blanco esperándote

Y dicen que eres vegano
pero yo soy vergana

El lechero

Es 100% lechero
y se deja ordeñar mejor que una vaca
Reparte más leche que Tres Monjitas
Realmente es una experiencia
montarse en su leche viva

Él no discrimina
lo mismo raspa que pinta

La visita del pollo

Con el pollo marcao me vino a visitar
se notaba que era 100% orgánico y natural
de genes exactos, sin alterar
Lo miré y pensé:
Él no sabe cómo me lo como

Lo asalté
le bajé los pantalones
y me puse a chupar

Tanta nutrición me convenció
que más nunca seré vegana

Me encanta la sal, la leche y el huevo
se puede decir que soy vergana

Té de tus pantalones

Beber del té de tus pantalones
me enferma
me droga
me encharca
me moja

Besito suave
besito a beso
Busco atenta
el tramo de tu sexo

Besito en tus muslos
busco, busco
anticipo tu jugo

Por tu base aumento
Subo
Bajo, mojo
Lamo
Trago
Duro y mojado
Nado como un delfín entre tus piernas
Subo, bajo
Lato

Chorros de sal

Es verdad que contigo quiero siempre
Comienza despacio en la nuca
Baja suave por la espalda larga
Alárgame la espalda como aquella odalisca del Louvre

Déjame ser ente en tu cuerpo
Quiero ser sin prisa
para cosechar cada gota de tu cuello

Hazme sentir tus manos por la espalda
espalda alta, espalda baja
Ponte afín al ritmo de mis caderas
deja montarte como yo quiera

Hueso con hueso
choca la pelvis
moviendo caderas
como Elvis Presley

Recorre mis piernas
busca el agua
Con chorros de sal
va el agua mansa

El postre

Lo cogí, le chupé todo lo que había ahí para chuparle
lo besé, le pasé la lengua por todas partes

Todo lo que se podía acariciar, se lo acaricié
todo lo que se podía rozar, se lo rocé

Lo toqué con las tetas
con las nalgas
con la manos
con la chocha
con el pelo
con la piel

Me monté como vaquera
y me restregué diagonal entre las piernas
Me estrujé ahí, rico, entre los muslos
me lo banquetié

Yo era como un platillo volador
sobre su pirámide egipcia
Yo era un capullo gigante de carne
virado al revés

Estaba tan rico
que dejé de tener cuerpo
Me convertí en chocha
Yo era solo chocha pura
sensaciones puras
¿que si me dio placer?
¿que si me lo gocé?
¡já!

Me lo comí completo
me lo metí entero
en las bocas
y le saborié las bolas
No, me corrijo
No me lo metí completo
en la boca de arriba
porque no me cabe
es muy grande

Oh pero en la chocha sí
ahí sí
resbaló completo y soberbio
el bicho de ese hombre
tiene un tamaño obsceno
tiene las medidas perfectas
para mis dimensiones vaginales
me llena completa
a pesar de que mi vagina es grande

Se sorprendió y me dijo:
"Te cabe completo"

¿Ha habido a quienes no?
"Sí, a dos"

Campeadora, campeona
victoriosa yo

porque me cabía completo
¡seguí comiendo!!!

Le lambí los sobacos
el culo, el deo gordo del pie
le mordí el tobillo
los muslos, los labios, los hombros
Le cogí las nalgas
todo se lo chupé

Lo bañé:
le masturbé el cuero
y vi cómo la espuma del jabón
le bajaba por el cuerpo
me lo ligué
le vi el cuerpo con brillo de agua
por estar mojado
y volví y me lo tiré

Le chupé la tranca de lado
de copo
casquetiándole
girando en espiral con ambas manos
palpando con lengua
con labios
le hacía clave Morse en el glande
me lo comía
absorbiendo
lambiendo
mojando
jadeando
tragando

Él no podía
"no puedo bregar"
gemía
y a mí me encantaba

Me lo jampié
Me lo papié
como si nunca en la vida
hubiera probado un bocado de comida

Tanto me alimenté de él
y tanto disfruté de él
que se impresionó
y con una sonrisa pícara
me dijo: "Nena, te jartaste, buen provicho"

SENSUALIDADES DE PENSAMIENTO Y ESPÍRITU

Cerebrito

Como una reina poderosa
siempre voy al acecho

Déjame sola con él
déjame sola en su lecho

Con el gusto saboreo
ese sueño de su beso
cuando en medio del sexo
le di de probar mis pechos

El jevote

Se bajó el mahón
se lo desenvainó y
oh mai wao
¡pero qué grata sorpresa!

Lo tenía como a mí me gusta:
sólido, encapuchao, recto y venoso
duro, mojao y baboso en la punta
respiraba por el cíclope
la cabeza brotá, como vela explotá
sublime, sabroso, bello y bellaco

Yo vi eso y "plash"
se me hicieron agua las bocas
y me mojé como una alcantarilla tapá

Un rayo salvaje me erectó el clítoris
y me empezó a hacer tic tic tic

Fuego boté por los ojos
se quemaron las pestañas
y pensé de todo
como si de cantazo
toda la vida pasara frente a mí
solo que fue al revés
Desperté a la vida

"Dame fuete rápido" le pedí
"Dame un fuetazo"

Ser

Desactivas cada gota de civilización en mí
y me dejas solo con mis instintos

Te veo y soy otra mujer
te huelo y soy animal

Soy contigo criatura selvática, desértica, marina
te oigo y en mí habitan todas las bestias

Olvido el lenguaje
te toco y ya no existo
solo existen estas ganas de probarte

Quiero ser forma en tu cuerpo
quiero ser acción
quiero ser sexo

Fumadora

Aunque estoy contra el cigarrillo
porque es dañino, porque es radioactivo
lo más cercano que fumo es
tomando tu verga como un cigarrillo

Con los dedos
hago una V mientras se impulsa
Dejo la mano así
para sentir lo que está pasando en la caverna

Convierto a la mano en testigo de tu invasión
cuando siento con los dedos el roce de lo que entra

Prefiero tu cigarrillo de carne, papá
así es como yo fumo
Solo que no bota humo, sino líquido
solo que lo bota hacia adentro
y no hacia afuera

Si dudas

Lávame la sangre con tu saliva
sacrificios de no tenerte

Dale descansos a mi mente
guayándome la hebilla

Me rindo
quiero que me hagas viva
un guardián de mi guarida
sirenas con tu lira

Hazme luna
tómame por la cintura
Ven eterno en mi figura
despójate de dudas

Pensando solo en tu sexo

Hay veces que tu nombre me hierve tanto
que mi deseo por ti acaba conmigo

Tu nombre es un beso

Un ruido sordo, un vicio
me levanta, me tira, me tuerce
de noche o de día
cuando estoy soñando o en vigilia
y me deja intranquila

No soy yo misma, pierdo un control
distorsiono el ambiente con creces

Y cuando llega y se planta este velo cruel
y de tu sexo me siento arrebatada
no me pertenezco
no me reconozco

Me intoxico
me enveneno
como un viaje de heroína
como un viaje de Ayahuasca

Por conocer la salud de tu cuerpo
pierdo la noción del tiempo

Me arrastro por las cunetas
por culpa de este ayuno
por culpa de esta tribulación funesta
por culpa de la prohibición
por culpa de que no puedo tocarte

Te recuerdo, te recuerdo
recuerdo tu cara, tus labios, tus ojos

Te recuerdo, te recuerdo
recuerdo tus manos, tus brazos, tu piel

Te recuerdo, te recuerdo
recuerdo tu olor, tu voz y tu pelo

Te recuerdo completo, todo, todo lo que eres tú
palpita en un mundo sin frenos

No como, no vivo, no duermo
pensando solo y solo en tu sexo

Gloria

En la madrugada
en la oscuridad del cuarto
te busco la boca
bajo las sábanas blancas
recién lavadas

Te beso
pero es como si
una mosca
se te hubiera parado en la cara
soplas dormido, impulsivo
de improviso
te sacudes
te volteas
y no despiertas
Me amparo en otra estrategia

Te muevo
con calma
con delicia

Te volteo
para que duermas de lado
hacia mí

Tú todavía
no te das cuenta
de lo que está pasando

Tú no te das cuenta
que mientras duermes
yo te estoy cazando

Ya me estoy sintiendo más suave
se me sube poco a poco el calor

Me siento húmeda allá abajo:
tengo muchas ganas de banquetearte

La anticipación me pone aún más caliente
Estoy segura de lo que quiero
Estoy segura de lo que voy a tener
y ya tengo el clítoris erecto

Todavía duermes
no sospechas nada

Sabrá Dios en qué sueños
andarás metido
Sabrá Dios a cuántas mujeres pasadas
te estarás metiendo ahora

Sabrá Dios en qué miedo
se colocaron tus sueños
o si vives en una pintura surreal
o si es que te estás haciendo el dormido
para dejarme rienda suelta

Cuando me acuerdo de que existes
me dan ganas contigo sexo

Pero esta noche soy yo
la que está al lado tuyo

Esta noche no está tu rubia iracunda
ni tu negra bellacosa
Esta noche estoy yo
tu otra bellaca que no tiene color
la que es negra y rubia a la vez

Desnudo ahí
vestido solo de tu piel
con tu güevazo dormido
e indefenso
yo bajo por tu cuerpo

Te recorro
te beso el antebrazo
te beso un poco el pecho

Me acuerdo que tienes esos
lunares en el pecho
ciertos lunares que ahora
no puedo ver

Te rozo con la lengua
como un minutero
suave, sin prisa
te humedezco

Paro

Hago un roce de aliento
en la piel que rodea
parte de tu cintura

Voy desvariando porque
al mismo tiempo
estoy siguiendo la brújula de tus olores
Ya casi tengo el orgasmo
y no he empezado

Me detengo
espero un poco
para que baje mi preorgasmo
porque no me quiero venir todavía
porque quiero placer antes de orgasmo

Espero

Tú sigues con los ojos abotonados

Mientras tanto
me voy hirviendo con tus olores
Reanudo mis acciones...
continúo por donde me había quedado

Sigo el trazo que dejaron
los hilos de tus olores
¡pero qué pecados son esos
olores sabrosos que tienes!
¡pero qué *fucking* olor a hombre
tienes puñeta!
¡eres un atrevido por siempre
oler así tan naturalmente rico!
¿cuál es la receta de los aceites
deliciosos que hacen el olor de tu piel?
¿por qué Dios te puso este olor tan exquisito?
¿por qué el jabón que usas te hace
cualquier favor
que no importa cuál jabón uses
ni cuánto sudes
siempre hueles así, a un macho
tan rico?
Y me encuevo entre tus muslos
y ahí me enjocico

Aprovecho el bicho mongo
porque mongo me cabe más cantidad en la boca
En el paladar siento como surge tu erección
(yo en el cielo)

¿Que si me enjocico
en ese santo bicho sólido que tienes?

¿Qué si me enjocico
en ese gran poder del güevo que tienes
que no solo estás grande y majestuoso
sino que también chichas cabrón?
Gloria, Pablo

El bicho tuyo es la gloria
Y alabo a Dios por haberte creado, Pablo

Y bendigo la hora en que Dios dijo:
"Hágase el bicho de Pablo para que sea rico
a quien lo pruebe, porque este ser que he
creado ha de ser amante siempre
y será uno excelente"

Y además dijo: "Hágase grande
sustancioso, grueso, terso y con cuero"

Y te dio un par de grandes bolas sedosas
que... (qué tortura que tengas un bicho tan goloso)

¡Pero qué verga tan apetecible!!!!!

No sé cuál es el mantenimiento
rutinario que le das al güevo
para tenerlo así tan perfecto
quizá por eso contigo siempre quiero

Y de esta forma te despierto
y despierto yo en mi gloria
en la gloria de tu sexo

El tamaño no importa

Tan rico, tan duro que estás
y yo con hambre y sedienta

Que si es flaco o virau
encogido o arrugau
¿con prepucio o sin él?
¿qué importa?

Que si el escroto es más grande
¿y qué?
Que si es gordo y no cabe
¿y qué?

Esta cosa de colores y formas
no importa
Lo que importa es que te dé placer
porque yo no me hago responsable de tu placer
solo tú eres responsable de tu placer
Que si es chiquito
o grande
no importa

Dame de eso
yo quiero de eso que tú tienes

No seas tímido, vente
el tamaño no importa
si es lo que detiene

No seas tímido tampoco
si hay venéreas, hay soluciones
No me voy a quedar con ellas
para eso hay condones

Y somos creativos
hazme latir las sienes
No tengas miedo, vente

ARTE, GRAMÁTICA Y *SEXTAXIS*

Remanentes

Intentar esos juegos sucios
el cielo

Mojártelo, saboreármelo
siento

Tu sudor un jugo de sal en la lengua
tu lengua una caricia en mis tetas

¿Qué queda?
Pene, tracción
¿Pene-tración?

Queda el sexo, Pedro
solo queda el sexo

De verbos

Empédrame en tu cama abandonada
de tonos marrones y claros
Empedrándome vas tú
con el bicho mojado

Empédrame ahí
frente al afiche de Los Beatles
para que me dejes en la piel
un néctar que bendice

Empedrada también en el cuarto rojo
sobre el tablado de levantar pesas
te veo rozarme frente al espejo, mojo

En el balcón, en la hamaca
tu boca, tu aroma

Fascinada, febril, pervertida y bellaca soy
cuando me empedras

De empedrar quiero saber más
quiero saber más de empedramiento

Pedro, te pido
empédrame hasta el infinitivo
sin determinantes, definitivo

Nuevas definiciones

Te miro, me miras: silencio
tus ojos oscuros: perverso
labios combinados: beso
mi lengua en tu cuerpo: deseo
compartir fluidos: sexo
te pienso
me empedro

Su memoria en mi fe

De madrugada amanecí
con un pedro en la piel

Ya se había ido
Aún quedaba un poco
de su espíritu lujurioso
enroscándose en mi ser

Cuando un pedro me moja con su sexo
mis cuatro labios palpitan
completamente dilatada
me entrego a él:
pedro adentro, mar adentro
así es como se queda Pedro

La rima

Me he dado cuenta que Pedro rima con sexo
Pienso en Pedro y encuentro sus rimas
Pedro es sexo
Cuerpo
Bello
Cielo
Beso
Deseo
Reflejo
Viento
Fresco
Tiempo
Desierto
Eterno
Desvelo

Todo eso rima con Pedro...
Pedro, dame sexo

Pequeñas palabras grandes

"Te amo"
Sabía que era mentira
pero me desmanteló la sombra
como una bomba atómica

"Te extraño"
Una frase extraña de sus labios
me aceleró nervio y latir de músculo
se me aflojaron las piernas

"Abrázameeeeeeee"
Quedé helada, estatua petrificada
me lanzó un golpe mortal
de un cantazo me arrancó la ropa

Desnuda, aturdida
en carne viva
quise dejarlo todo, volar y abrazarle

Y volví a trepar paredes
a disimular con célebres frases
Volví a sentirme como antes

Obras maestras

Yo digo: Aldama
y se me hace la boca agua
y aun no puedo pronunciar tu nombre
porque me vengo

Me vengo en este desierto de hielo
que me da tu sentimiento oceánico

Tú, mi invitación favorita
tú, mi deidad marina
tú, agua salada
le echas sal a la herida

Con lo que tú tienes
y con lo que yo tengo
hacemos obras maestras sobre la cama:
como cuando me masturbo con tu boca
como cuando me vengo en tu boca
como cuando me tocas toda
como cuando me estimulo sola

y me premias con tu espeso manantial de queso
o como cuando me chupo el pezón izquierdo
para que me veas hacer eso
hasta que te salga la clara de huevo
o del simple encuentro del beso
o como cuando gemimos
al contacto de nuestros cuerpos

Salvadores Dalíes

Un claroscuro dormido se sentó
por los lagos azules de su voz

Una flora de girasoles verdes
pintó seres de luz en su frente

El río, cansado de imitar su propio cauce
se fue a navegar en el fuego del cometa

Un portal de otros sonidos
suprimió todas las preposiciones

Surgió un harem de machos escondidos
con todo tipo de gustos y sabores

Se alzó el centurión más coloso
jartándose de piñas de todas clases

Cuando llegó el meteorito
galardón de la tarde
se destruyeron todos los problemas
y regresaron al infinito

Habló la prostituta

Aturdida por las calles adoquinadas de San Juan
una mujer borracha caminaba con tacón en mano
el otro puesto
la falda por la raja de las nalgas
se veía bastante usada
con medias de terciopelo rotas
transitaba como en trance y gritó:

"¡Yo represento el comercio
más antiguo del mundo

y en los otros planetas avanzados
y trascendentes
no existen empresas ni religiones

pero si de nombre hablamos
háblame bien con los nombres:

que si te llamas Lori, enlóriame
que si te llamas Laura, enláurame
que si te llamas Luis, enluísame
que si te llamas César, encésame
que si te llamas Saúl, ensáulame
que si te llamas Alejandro, alejándrame
que si te llamas Pedro, empédrame
que si te llamas Sheila, enshéilame
que si te llamas Léa, enléame
que si te llamas Diego, endiégame
que si te llamas Michael, enmáilcame
que si te llamas Celso, encélsame
que si te llamas Sílica, ensílicame
que si te llamas Ginna, enyíname
que si te llamas Héctor, hectóriame

puta fui, puta soy
para que juegues con nombres y verbos
a la vez que pronuncies nombres en el cuerpo!"

LA FRECUENCIA DE LO COTIDIANO

Lo que fascina, enamora

Es cierto que no hay cosa más erótica que un beso
pero nada me lleva mejor al cielo orgásmico
que cuando me mira a los ojos
mientras tenemos sexo

Me excita que me mire así
me excita cuando dice mi nombre
me enamora, me fascina
el ADN de ella encima

Lengua a tu piragua

Sacia mi hambre sexual
alimenta un pueblo
Dame mi porción
me toca, Pedro

Quiero ser zoológico
con puro ruido
patadas, gemidos
nido, instintos

Me arrebatas
Apiádate, Pedro

Dame palo-palo
como piñata

Quiero dar lengua a tu piragua
Empezaría por las bolas
te absorbo suave una

mientras masajeo la otra
embarrau de lubricante de coco orgánico
y de *fair trade*

Lenguo al perineo
mientras te sobo la punta
como un cono

Voy a la base del tronco
te mojo

Te lambo de ladito
con lengua ancha
lengua finita

Subo al frenillo
te hago un Triángulo de las Bermudas

Bajo a las bolas
Subo
Dejo absorber su peso en la boca

Te absorbo el glande
golpeo con lengua
dejo que mis labios hagan lo suyo

Lo cojo con ambas manos
Te masturbo mientras chupo
mientras estimulo el prepucio
lenguo entre prepucio y cabeza

Chupo rico hasta que te vengas

Así se van mis fantasías entre pensarte
desearte, imaginarte hacer
lo que quiero que me hagas

Imaginando hacerte
todas estas cosas que quiero hacerte

Colisión de dos planetas

El olor a música que tienen tus dedos
me rejuvenece la imaginación

El pensamiento que tienes de mí
me toca aunque no sople el Bóreas

Y aún la célula que no imaginas
en ti habita
sin ser parte de mí

No quiero seguir pintándote
enredada en tus piernas

Solamente quiero sentir
cuando tu lago me llena

Tampoco quiero descifrar
un paraíso loco
de mercado astuto y milenario

No puedo seguir diciendo mentiras
ni esculpiendo versos de concreto y barro

Tampoco puedo seguir viviendo
en el rayo de los relámpagos cuando te toco

Sigue siendo un universo infinito y eterno
aún así es finito y perecedero

Con todo tal y todo eso
regeneras una cortina de sable
formas un relieve en tus diamantes
mientras respiro franca por desarmarte

Tu provocación

Ay, de la primera vez en que me sonreíste
me sentí tan desnuda
me sentí tan tuya

Ay, de cuando me diste un beso en la frente
seducida por esos bembes
sentí algo caliente

Ay, de cuando se me quedó tu olor en la cara
se me quedaron las ganas
y no dormí hasta el alba

Ay, de tu agua clara
Ay, de tu fuente
Yo, mía
Tú, ausente

Audios

Cuando me aprietas así ... Uf me voy
Y cuando me coges allá ... Ay me llevas
Y cuando me jalas el pelo ... Oh

Y al bajar así ... Dios me trae
Y cuando vas allí ... Ah me entrego
Y cuando haces eso ...
Ay cuando haces eso

Abrázate

Te dedicas a probar mis pétalos carnosos
y como bola de cañón salgo disparada por los aires

Por algo tienes esos labios sexosos
por algo tienes tanta carne

Cuando no existe el sol
cuando no existe nadie
placer en la boca tienes para darme

Coge tu nariz
pásala bien por la espiga

Empújate a mis espaldas
que quede roja la herida

Oh cetro de mis ansias dormidas
que ya conozco el olor de tu sexo
y dame así tan puro
que quede un dulce dolor de compungida

Muévete despacio, lento y ligero
que las represas, los caudales
exploten en el centro

De comer a mi mariposa
de beber a mi rosa
que me siento poderosa
cuando tus manos tocan

Que ya te he visto la piel desnuda
modelado en mi cordura
Abrázate bien sin dudas
abrázate a mí, si dudas

En vilo

Imaginarte es apretar los muslos
mojarme, ya, sin esfuerzo alguno

Reacción cotidiana y natural:
te pienso un segundo
Ya
Encharcada
(aunque hay veces que estoy
ultrabellaca y no mojo ná
pero no te apures, que eso es normal
le llaman excitación sin concordancia)

Imaginarte es doblarse
como un feto sobre la cama
al evocar ese placer

Imaginarte es acurrucarse
fruncir el seño en sufrimiento
por conciencia de tu ausencia

Imaginarte es quejarse

como si algo doliera

Imaginarte es balancear las caderas
como si a curar fuera

Imaginarte es cruzar las piernas
rozarme yo sola sin que me dé cuenta
Trepar paredes
Sufrirlo
Desfilar tus olores
Respirarte
Recordarte
Extrañarte

Curiosidad

¿Qué haces?
Nada
Qué rico
¿Por qué?
Porque todo lo que haces lo haces rico
¿Cómo lo sabes?
No lo sé, pero quiero saber

Éxtasis al besarte

Yo te aviso que jamás gocé tanto
como gocé contigo
al besarte

Yo te digo que tus labios
son para mí hambre de besarte
Y tienes tantas partes
por comenzar a besarte

Yo puedo besar tu frente
Yo puedo besar tu pelo
Besar tu espalda, tus pies
Besarte todo y sin cansarme

Si no te estoy besando
siento que desperdicio tus labios

Yo ardo siempre por besarte
y la primera vez que lo hice...
no pude describir el regalo de esta vida
que se resumió, besándote

Yo me detuve para besarte los labios
con calma, detenidamente
Yo me detuve porque fue un evento
cuando me diste permiso
de beber tus labios

Yo me detuve y se detuvo el tiempo
yo existía en tus labios

El espacio desapareció
era yo y tu boca
En esta locura que trastoca
en ese momento de besarte
viví en otro tiempo y en otra vida
en otro planeta, en otra agua viva

Ablandé mis labios contra ti
me tomé tiempo para probarte el aliento
(*wow*, me perdí)

Te pasé la lengua por los dientes
te rocé los labios con mis áreas mojadas
y tú te dejaste
(deliré)

Y fue tal éxtasis al besarte
(que gemí)
Ya todavía no lo supero
todavía me acuerdo
y no lo creo
todavía lo quiero
y ya no lo tengo

Y se mece en tu pelo ese recuerdo
en tu barba recién crecida
en tus olores, en tu entorno
Te veo y te bebo
Te veo y te beso todo

Tatuaje

Estaba haciendo con la piel de mi boca
un tatuaje abstracto de tus labios

Por eso te dije: Ablanda los labios
no me beses pero deja que te toque

Y rocé en tus labios pasivos
rocé allí mis labios

Cuatro labios blandos
se hacían punto en gelatina

Me restregué toda
y tú te dejaste hacer todo

Así fue como hice
un tatuaje de tus labios en mi boca

Ahora esa piel de mi boca
tiene memoria de tu boca

Guardado está en el inconsciente
para que yo de vez en cuando
lo saque al consciente

Cada memoria de ti
está ahora en mi boca

No hubo besos
hubo labios, tacto y juego

Sabana de insomnio

Son las cuatro de la madrugada
Hay unos poemas que no me dejan dormir
como este que me estoy inventando ahora:

Ven, ven a sentir mis paredes
ven a sentir por donde se siente

Arrodíllate entre mis piernas
hazme cantar sobre la arena
Ponme en la misma posición
en que se ponen las jirafas
cuando van a beber agua

Impúlsate tan duro y mojado
que resoplen rinocerontes en la sabana

Dame del árbol que está en tu monte
dame desiertos, dame leones

En la sequía de nocturna selva
aguántate las ganas
Explota tus estrellas
cuando llegue la mañana

Diálogo

Ella: Te besé las almohaditas
Él: ¿Y qué es eso?
Ella: El espacio que tienes entre las bolas y el muslo
Él: ¿Y el nié?
Ella: Es el espacio que tienes entre las bolas y el culo
Él: ¡Qué sabia eres!
Ella: Tienes el palo más duro que el de golf
¿Con qué bola me vas a dar?
Él: Con las dos
Ella: Pues méteme la tranca entremedio de la tanga
Él: ¿Cómo se dice?
Ella: ¿Por favor?

Lo que sabe dar el cuerpo

Es justo que yo te abrace el tubo con el tubo
Es lindo que te amarre con los músculos sureños
y sientas la carne suave cuando cierra, abre y late

Es bueno enseñarte
cómo se siente cuando se contrae
Es natural frotarme el remolino
aún cuando no has salido
Es alucinante compartir contigo
el chorro interno del orgasmo

Es pura bondad
que experimentes
esos bellos masajes que sabe dar el cuerpo
cuando estás dentro

Muñeco

Hay unos pensamientos
que se enredan sin piedad
como aquel cerebrito sobre un muñeco
como si en el pensamiento
me encerraran con un muñeco
como si me encerraran
en un cuarto sin pared con él
como si hiciera lo que yo quisiera
con ese muñeco
para depellejarle el guineo
y jugar con él

Para cabalgarlo
para jugar a mamá y papá

Para que él me amamante
y yo lo amamante
para hacer lo que quiera con él
para masturbarme con su esencia
amarrarlo y soltarlo...
para que el muñeco me enseñe su muñeco
para que me lo enseñe rosado
violeta y encapuchado
para que el muñeco me masturbe
con su adulta verga

Placer

Dame placer
te doy carta blanca
para que hagas de mí
lo que te dé la gana

Dame placer
quiero sentir en las tetas
el contacto de tu lengua

Dame placer
que me sobra el lenguaje
me sobra lengua

Dame placer
de ese que se da suave y tranquilo
¿me dejas escuchar tus gemidos?
(porque tengo curiosidad)

Dame placer
dame orgasmo clitoral
Solo he sentido
el orgasmo vaginal

Dame placer
el punto G
ya lo encontré
encuéntrame tú el punto K

¿Cuándo me vas a dar?

¿Cuándo voy a comer de eso que tú cocinas?
¿Cuándo me vas a dar de tu paquete?
¿Cuándo sentirte en el vientre?
¿Cuándo por ti?
¿Cuándo por verte?

Tu mirada me doma
como se doma un caballo en Los Andes

Tú me miras y me intimidas
se me paran los pelos, la piel se me eriza

Pero yo quiero intimarte
doblarte como pluma de ave
doblarte hasta cansarte

Un tercero que mira

Las montañas eran verdes
yo corría desnuda por los campos
y bosques para verle

Entré al vagón
miré a la derecha
ahí estaba él comiéndose a otra mujer

La miré, tan descarada
seguía mirándome porque ella sabía
que yo quería comer de lo que ella estaba comiendo

Él me miró y se deleitó
sabía que yo quería, pero que no podía

Él sabía que yo quería
que me pasara con él aquello que estaba pasando

En la luna, en la noche
se acarició con ella, sin piedad

Sentí un frío en la piel
sentí gallinas pisándome la espalda

Desperté sudá
estaba soñando con él

El efecto de tu nombre

Tu nombre es para mí sinónimo de sexo
tu nombre, tu verbo castiga mi tiempo

Tu nombre se aparece
se esconde en mi pelo

Con tu nombre duermo
me lo trae el silencio
con tu nombre rezo

De momento tu nombre
lo tiene otro hombre
Te pienso

Tu nombre lo tiene un pintor
Tu nombre lo tiene otro extraño
Tu nombre lo tiene un cantante
Tu nombre lo tiene un actor

Tu nombre se viste de barro
aparece en todos lados

Se me aparece en direcciones
en sobrinos, en los santos
en ciudades, en letreros
en noticias, en los carros

Tu nombre intento guardar
intento e intento y no puedo

Intento soltarte, no puedo, no puedo
tu nombre lo quiero
me deslumbra
me desnuda

Tu nombre
lo grito, lo deseo
Tu nombre y tu cuerpo
riman con sexo

Censura a una mujer

Alguien: "Eres tan fina
como un elefante en la cristalería
¿Te crees poeta?
poerca es lo que eres"

Ella: "¿Poerca?
Wow, qué ideota
lo que has dicho
Qué ideota"

La cita

Lo llamó por teléfono
y le dijo:
"Mañana tengo cita con un queso
traerás el vino"

Luego colgó
y se vino

La importancia que me das

Los vestigios de tu ropa
hicieron del piso una alfombra

Hace tiempo que no me lo empujas
hace tiempo que no me tocas

Hace tiempo que no me divides la chocha en dos
con tu inmensa verga dura

Hace tiempo que no veo
cómo se pierde el bicho en la vulva
cuando entras
cuando solo queda tu cuerpo y el mío
porque estás dentro

Ni siquiera he vuelto a ver
ese bicho tónico, macizo y robusto
que tienes entre las patas

Si tan siquiera me metieras la puntita
mearías un gran favor

Y si quieres que lo diga bien:
me harías un gran favor

¿Cuánto te debiera por ese favor?
"Nada, niña"-me dirías
"Nado, niño"-te diría yo

Mientras tanto
seguiré pensando:
"Ojalá pueda mamarte el bicho eternamente
y en cada mes darte un masaje *lingam*
para que bebas de mi *yoni*"

Pero como no sé si Dios
me conceda esa gracia...

Mientras tanto
le sigo preguntando a los lobos
y aún no saben dónde estás

Más me acompaña tu ausencia
que la importancia que me das

Hay otras palabras que no existen
para expresar lo que es peor que nada

Soy fantasma en tus ojos
pedazo de carne sin fondo
y nada más

Ley laboral

Me dijeron una vez
que uno no come
donde caga

Es decir,
que no puedes tirarte
a nadie del trabajo

Pero también me dijeron
que el que come callado
repite y se *jarta*

Belleza en lo simple

Suave
Tu cuerpo
Despacio
En silencio

El propósito

Estaba seca cuando te vi
Uf, caliente

Sedienta de verte
fui a esa parada solo para abrazarte

Me enrollé en tu cuerpo
te sentí
y me fui

Bien rico

Tengo un poema bien rico
que está bien escrito
Te gusta el frío, lo sé
Te gustan las cosas *kinkis*
disimulas

No te hagas
me coges
comes de mi fruta

Maquinando

Lo vi en Peñuelas
en un sitio de comer

Llegué al lugar
ojos relucientemente vivos

Se tensaron mis músculos
le di un beso en la frente

Tan nerviosa
olvidé los idiomas que hablo en 4
(perdón)
digo que olvidé los 4 idiomas que hablo

Me hablaba
yo balbuceaba

Él bebía cerveza
sin darse cuenta que...
yo buscaba masturbarlo por debajo de la mesa

Oda a tu boca

Boca rosa
Boca hermosa
Redonda y jugosa
Preciosa
Natural
Sexosa
Una rosa
Suave, sedosa
Pedazo de olas
Tócame solo con esa boca
Que roza
Que arroja
Que me humedece la chocha

Sigo recordando cuando te vi primero

El impacto hizo que se me cayeran los pantis
Me doblé a recogerlos, conté siete
y un charco se volvió río
Pensarte todo el día me humedece

Súplica

Y por más que quiera yo hacerte
una limpieza en la boca con la mía
y recorrer con la lengua
tu paladar completo

tienes que ir al dentista
para que atiendas
esos dientitos hermosos que tienes
y te veas más lindo

Del 6 de octubre

Entre todos los hombres
de Hollywood, Bollywood y Estambul

entre todos los hombres
que han sido vistos
por algo o por alguien

entre todos los hombres
que han salido en imágenes
por radio, por tv
por celular, en pantallas
en cine, por internet
en los medios

entre todos los hombres
que he visto
en los países que he visitado

entre todos los hombres
que he imaginado
con los que he soñado
y con quienes he estado
tú, Gustavo Palma
eres el hombre más hermoso
que he visto en la vida
Así de hermoso

de apetitoso
que siempre tengo antojo de ti
Eres tan embriagante y por eso

Yo seguiré viviendo en tu nombre
Gustavo Palma

Tu nombre es mi casa
Y vivo aquí, en
Gus-ta-vo Pal-ma
Yo seguiré viviendo
en ese domingo soleado
del 6 de octubre
Nunca salí de ese día
Gustavo Palma
vivo en tu nombre y en ese día

Yo seguiré viviendo
en nuestro día
en ese encuentro playero
en que tú y yo
estuvimos juntos
por primera y última vez

Yo sé

Yo sé que él es basura
yo sé que es saorria pura
pero me gusta cómo se impulsa

Yo sé que no me quiso
ni me va a querer nunca
pero es que tiene la pinga dura

Yo sé que me ignora
yo sé que se hace el loco
que tampoco me valora
pero es que tiene la pinga gorda

Yo sé que no hay futuro con él
yo sé que miente
yo sé que no le importo
pero qué rico lo sabe mover
Si supieras, mundo cruel
lo rico que se siente él
enjaulado entre mis piernas
lo entenderías

Si tuvieras del éxtasis la experiencia
de revolcar la chocha con él
de saborear lo delicioso que es
lo entenderías

Si supieras lo dulce que se siente dentro
lo alucinante y vibrante que es
lo entenderías

Su cuerpo, su espíritu
son tan poderosos
que me dan escalofríos

Todavía cuando estoy con él
es tan potente su energía y carisma
que me da miedo
me derrumba a la vez que me anima

Si pudieras beber del agua de sus huevos
lo entenderías
Si pudieras sentir en la boca
el peso terso de sus pelotas
lo entenderías

(que venga él y me dé de beber bolas
que me dé, que estoy sola)

Toda su piel es una caricia de espuma
y en su entrepiernas una criatura...

Yo sé que pierdo el tiempo
yo sé que hace daño
yo sé que no hay nada
pero aún así lo amo

Quiero amarte por dentro

Déjame amarte todo por dentro
por dentro y por fuera
De toda tu vida quiero haber conocido
y aun quiero conocer más tus pasadas vidas
Porque tu amor me reina como una flor
tibia y frágil me quedo dormida
hasta que mueve el cuerpo
y se mueve y cambia el viento
se viste de tercios

Y quiero esconderte
guardarte y sentirte dentro
dentro en lo eterno

El secreto de la juventud

De sexo adrenalina
te puedo decir
que a mis 65 años
un hombre delicioso
me dio hasta dentro el pelo

Me tiró a la cama
me abrió las piernas por debajo de la falda y
al ver que no traía bragas
TOMA
se metió

Dicen que a mi edad
yo no puedo hablar de sexo abiertamente
que para eso hay una edad y un lugar
pero eso es *BS*
Los que dicen eso
es porque ya se sienten viejos
porque la edad es solo un estado mental

No hay nada mejor
que dar una buena llorá
y que alguien te consuele
con un buen sexazo

¿Que cuál es mi secreto de la juventud?:
Singar, singar y singar
(con protección, claro está)

Tu efecto en mí

Entregarse a ti
redundancia al unísono querido
aún cuando cambio el cielo por aquello

Escucho tu lengua
y es un culto pagano que rindo

Tú derrotas mis cimientos

Besar tus manos
es un sacrilegio divino

En esos pensamientos vanos
me empantano y no salgo

Rezando tus olores
caigo
en tu fragancia deliciosa
que me agota
En este universo de cuerpos
donde todo existe
donde todo es posible
ya no me asaltan poemas bellos

Aún me persiguen
aún vienen de vez en cuando
Vienen flojos
ya no vienen tanto

Hay una mezcla de realidad y mentira
que confunden cuando te estancas
rodeado de caracoles y playas
se hace más hondo y respira

Fuerza

Me pediste que te abrazara
con una voz de cicatrices
Me derrumbaste como doce pinos de boliche
atravesados sin piedad por tremendo pelotazo

Sin estar ebria
volví a arrastrarme por las cunetas
Es que no sabes
no tienes cuenta
de la fuerza de tus palabras

Diálogo de mi cuerpo

Cierro los ojos
y tu boca entra en diálogo con mi cuello

Me toco
y tu lengua encuentra lunares en mi cuerpo

Me erizo
y tus manos llegan en trance a mi celo

Me rindo
y tus dedos invaden recovecos

Me entrego
y tu cuerpo me abre el deseo

Me elevo
y tu fuente derramada en donde quiero

Descanso
y tu aroma impregna el aire de tu sexo

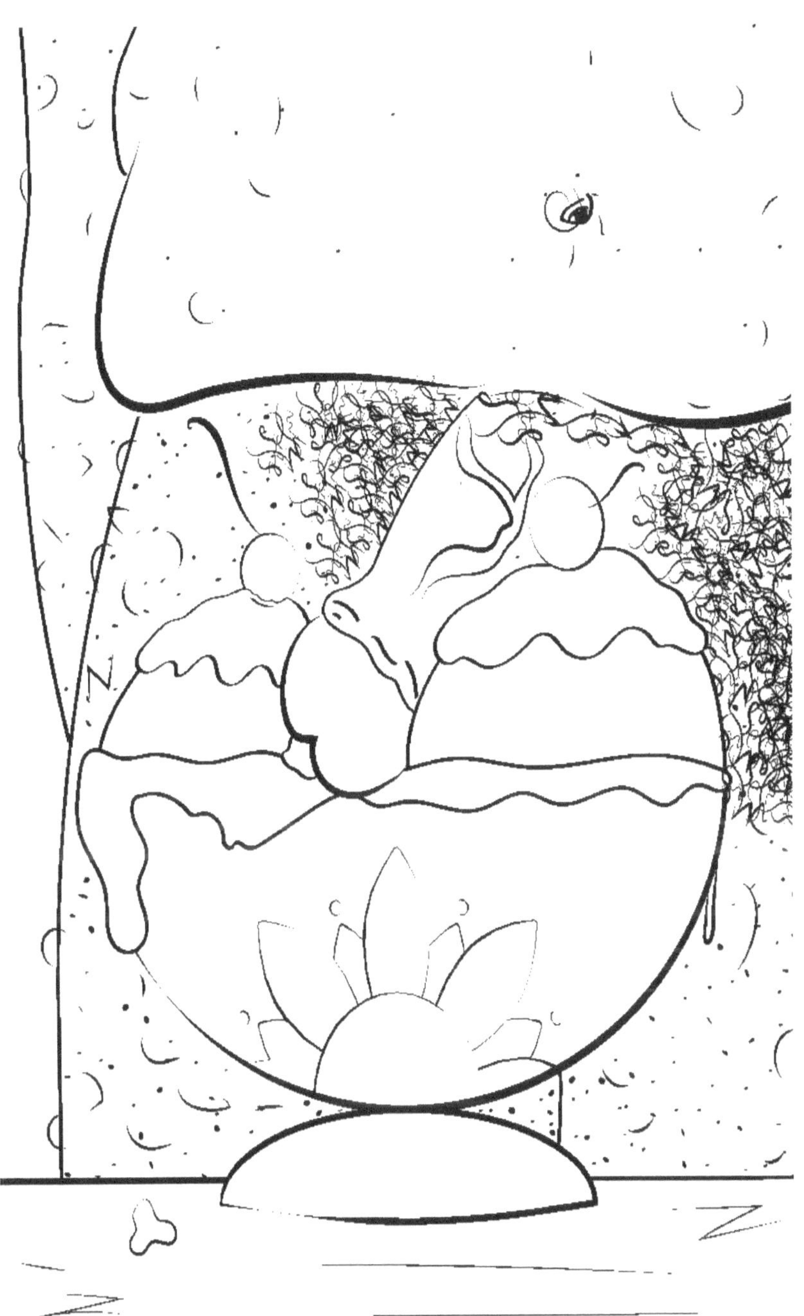

NATURALEZA DE CONTACTOS AL AIRE LIBRE

A la orilla del río

Sexualizada
sentada en una roca
que ofrecía un riachuelo de El Yunque
Aras me dio fuerzas

Se paró detrás de mí
y notó que no tenía brasiel

Él, tan erótico como siempre
se avecinó por mi cuello
y aventuró la mano entre mis senos

Sin tocarlos, siguió por el sur
hasta encontrarnos cara a cara

Me metió una lengua suave en la boca
él no tenía prisa
Aras se metió todo en mí
por mis aros
por mis sitios vulnerables

Animal

Yo siempre te percibo animal
Inclusive te veo y me siento animal

Hay ciertos aspectos de ti
que parecen salvajes
Y es cierto que
cuando estoy en presencia de ti
me empiezo a sentir salvaje

Es salvaje como besas
salvaje como respiras
cuando te estoy seduciendo

Eres salvaje también
cuando me chupas los senos
y cuando chichas
me viras como una media
con esa follería exquisita
a la cual te dedicas
porque es verdad
qué rico tú chichas
eres de los que da hasta dentro el pelo
y me excita
¡ay tú, qué follería divina!

No esperas, no tienes paciencia
rápido quieres directo

Por eso te sugerí tantra
y te lo pasaste por el forro
porque el tantra es un sexo lento
(pero es el más delicioso)

Nada existe lento para ti
tus pensamientos van volando
Y con esa misma velocidad
te olvidas y borras cinta

Te digo que te quedes
mirándome a los ojos
Y miras para allá, pal carajo
poco tiempo después

A veces me dejas moretones
cuando nos amamos
no porque me hayas agredido

sino por tu fuerza bruta al agarrarme
Yo tampoco me doy cuenta
si me estás lastimando
como todo contigo es rico
me envuelvo en el instinto
y no percibo
no capto

La verdad cuando te veo
siento que se me agudizan los cinco sentidos
de cantazo
Es como si en ti
tuvieras concentrado
todo lo que a mí me gusta

Verte es amor que pronuncia
amor que disfruta
Verte, Pedro, es escalofriante

Te veo y pienso: "comida"
o "voy a satisfacer mis necesidades"
es como si el encuentro
hiciera las mismas funciones
de dormir, comer, cagar
respirar y chichar
eres una necesidad

La verdad te confieso
rocé la piel del universo
cuando mis labios te tocaron la boca

En ese momento
mi entrepierna se aguó
como si tuviera algas y peces
y me dio un erizón de pezón cuando
minutos después
presioné las tetas
en tu pecho sin tela

Y me encanta que
en nuestro primer arrebato
en nuestro primer tacto
primero me chuparas las tetas
y luego por primera vez
me besaras los labios

Y después se puso bueno
me jalaste el pelo suelto
sacudiste un mundo
(terremoto en mi vientre)

La sangre se llenó de animal
tú, un macho duro
mojado y desnudo

Erección en El Edén

Es una aventura
agarrarlos a ustedes
por las comillas del pantalón
y fijarlos en mis caderas

Es un viaje sideral
besarlos desde allí
por donde me dejan

Y despertarlos para que presionen mi falda
y descubran con sus manos mis nalgas
y me den el tacto de lo que están hechos

Me hacen volar, me hacen sentir versos
y después que me tocan los puntos
los siento bajar por mi pecho
Es un manjar, una delicia, tanto gusto
cuando en El Edén me llevan por sus rumbos...

Sol iracundo

Solo tú haces que encuentre mi rosa
y haga remolinos con ella
después que sin prisa
lama yo del tulipán su copa
entre dos jugosas rocas

Solo tú encuentras minutos hondos
ojos amarillos
labios de jobos
y te paras a explorar el vacío del fondo

Oh ven aquí
impúlsate duro
como sol iracundo
devórame el mundo

Brutalidad carnal

Jamás un hombre me sacudió la alfombra
con la fuerza de un huracán

Jamás conocí el agua bajándome entre las piernas
por el mero asombro de rendirme en su presencia

Jamás sentí yo que de un hombre quisiera más
cuando me arrastra con la tempestad de sus olores
cuando me vuelvo yerba al escuchar su nombre
cuando el caudal del río desborda el carso del monte

Persigo su rastro siempre por el norte
porque jamás me hice tanto océano
Tanto placer me causa verlo

Disfrutarme en tu boca

Yo sé que tú cantas con esa boca
y pensar que cantes con esa boca me maquina
(quiero que siempre cantes para mí)

Yo sé que tú has fumado con esa boca
¡ay pero qué desperdicio!
Pero nunca he escuchado tus gemidos
solo tus latidos

Respiras con tu boca
la usas para muchas cosas
y ahora cantas para mí
en este recuerdo de la forma del sexo

En tu boca me siento
un beso, un silencio
prosigue la curvatura de tu cuerpo
Pones la boca con la forma de un beso
te veo
te disfruto
te veo la división de la partidura de tu pelo
y me enamoro de nuevo

Me enamoro de tu frente bella
de tus ojos hermosos
y de tu extraña nariz

Me das un buen juego de dedos (¿que pa qué te
cuento?)
Me das lengua y haces un reguero
Me frotas el clítoris
Todo eso a la vez ¿cómo carajo?
Es un arte, un manejo
Me echo hacia el frente
Te masturbo rico el bicho
Me vengo en tu boca

¿Cómo carajos te pusiste ese condón?
No me enteré
Pero yo estaba muy relajada
y te diste cuenta
te aprovechaste:
"Ponte en cuatro"
y me das pol culo

Te vienes
descansas y subes a mi cara
me besas
y llegas con la cara expuesta de mi orgasmo
Te ofrezco la boca
Me mojo con tu saliva

Te paso la lengua en tus dientes
en los de abajo
en los de arriba
Te rozo la lengua con mi lengua
Estrujo mis labios en tus labios
siento su peso y su forma
siento la humedad de tu boca
Absorbo tu aliento
(que está bien rico y sano)
Y en tu boca te veo y me enamoro de nuevo
Te chupo el bembe de arriba
Te chupo el bembe de abajo
Te beso la mitad de la boca
Me canso de besarte y de jugar con tu boca
Y ya no puedo más
vuelvo y me vengo

Me besas el costado
más abajo me besas la vida
Vuelves y subes
Me chupas duro los senos
(me disfruto en tu boca)

Te beso mal
y me reclamas que así no se dan los besos
Te pregunto que a cuántas flejes recientes
le has dado tu boca
y te molestas y me niegas el beso

Al final te desarmo y huelo tu abrazo
huelo tu brazo
Te pido de nuevo que comas abajo...
Sin hacerme preguntas, te zumbas

Me chupas como piragua
y me lenguas delicadamente
Qué lengua la tuya

que me sirve de almohada
un deleite y muchos triunfos

Miedos azules
socorros y rojo

Cielos con luces
flores de oro

Y tú te dejas hacer lo que yo quiera
en tus muelas cundidas de rosas
en tus molares, donde abundan mis montañas
en tus dientes caninos, que son claveles que me
marcan
Y en ese jardín de tu boca está la primavera
Así te pienso
con estos pensamientos
y estos recuerdos
de disfrutarme en tu boca

Primero los tallos
los árboles y el gusto
Después el fruto:
me comes las bocas
disfruto

Te persigo

Voy detrás de ti, jugosa y descarada
Voy tras de ti como con flauta
de aquel le seguían las ratas
Voy en busca de ti como si un genio
me tuviera subyugada

Voy adonde ti hasta que ya no existan palabras

Y tanta locura me causa tu canto
y tanta pasión me causa tu encanto
y tanto deseo acumulo en mis brazos
y tanta indecencia hierve en palacios

Para sentirte dentro
y amarte despacio

Pero esto yo lo escribí antes de haberte probado
y después que me diste sexo puedo confirmar:
que el sexo contigo
se siente como un huracán categoría 5
es como un remolino
como un tornado de fuego
una tormenta de arena
se siente tsunami, volcán, trueno
como una montaña rusa
como caer al abismo

un terremoto en el vientre
precipicio
como una explosión de géiser
la ruptura estrepitosa de un iceberg
una violenta manifestación magnética
piedras derretidas
la división molecular de una célula
una aurora boreal
millones de caballos de fuerza
billones de pisadas de invasión
la presión iracunda de la capa de ozono

trillones de explosiones nucleares
que explotan en el sol
una trompa marina
un caudal subterráneo

el búm infernal de una revolución atómica
un movimiento de tierra líquida en el núcleo del
planeta
la gravedad de las 79 lunas de Júpiter en verano
un incendio descontrolado

un bien
bien intenso
el ruido radiactivo del espacio del universo
la succión silenciosa de un ultra hoyo negro
una explosión cósmica
un *big bang*
el choque entre galaxias
una supernova
la omnipotencia de Dios

Confirmo que el sexo contigo
se siente a las fuerzas de la vida
y por eso te persigo
por la fuerza de la creación
por la fuerza de la reproducción
por la fuerza que tiene tener un hijo

Mariposa que palpita

Cuando te veo
me acaricia un concierto de sensaciones...
Siento
que entre tus muslos apretados quiero vivir

No descansas
pero sigues estando bueno

Fumas
pero aún quiero probarte el sexo

Mi vulva es mariposa que palpita
¿Cómo lo haces?
¿Cómo logras ese efecto?
¿Qué es lo que tienes que envicia?
¿Porque tienes tantos defectos...?
Fieramente imperfecto
y aún así
te deseo

Vicios

Eres un vicio que tengo que dejar
tan mortal como el plástico, el azúcar y el cigarrillo
Un fauno que debo prohibirle a mi imaginación
vaciar poesía y prefijos
Una piel que debo negarle a mi pecho
labios sexosos que no puedo probar
alimento vedado
fantasías, pedazos

La primera vez que te vi

No me acuerdo cómo fue
ni cuando fue que te vi por primera vez

Recuerdo el terremoto en mi vientre
y el frío cuando humedecí en trece

Me acuerdo rendida, rendida de verte
me sentí en un cuerpo de azul celeste

Miles de hojas fértiles nadaron con los peces
en un sin fin de trompas marinas

Me llenó el mar de aguas cristalinas
y se me hundió la falda de cien océanos

Se derritió el Antártico en millones de témpanos
y el aire se impregnó de ébano

Echaron a correr todos los rebaños
y sobrevolaron locos todos los pájaros

Y así tan fuerte fue que el planeta entero quedó
aturdido
porque verte fue para mí un impacto, un delirio
un tsunami, un meteorito

FANTASÍAS DE LO POSIBLE

Cómo se siente

A veces me dan unas entretenidas
Entre tejiendo y "te jiendo"
me dan más de la segunda

Entre el palo de Pedro y palos de vino
me cojo una jendía
vuelve Pedro y me jiende

Me hace caminar en 4
y comer en 13

Cuando empieza
el muy fresco se abre el zíper
me enseña la tranca y dice:
"Móntame. Mira a ver cómo se siente"

La despedida

En el multipisos del trabajo
justo en el mostrador de ejecutivos
yo estaba esperando
a que se desocupara un gerente entre tantos turistas

No sé por dónde vino
pero Junio, una colega, se me acercó al oído
y me dijo:
"Larguémonos de aquí, ¿quieres?"
"Sí"
"¿Quieres como yo quiero?"
seguí diciéndole que sí

Y me viré
pero alguien detrás de mí me dobló
me bajó los pantalones de un tirón
y frente a todos allí, Junio me clavó

Masturbarme mientras lo tengo dentro

Y mientras encajados volábamos hacia la luna
yo frotaba el remolino para que se fuera en fuga

Y mientras se impulsaba como un toro padrote
yo vivía de la semilla de sus brotes
Y mientras me mostraba la energía de sus dones
yo era dueño de reencarnaciones

Así me daba rico, duro por el culo
por el monositio, el chiquito
Yo escuchaba en clave ese "plap" contra los testículos

Nébula

Los que me han conocido
noto ahora
tienen un final sonido español con la letra "o"
Máicol
Giancarlo
Alejandro
Héctor...

Tranquilo
mi esposo y yo somos *swingers*

Dame de ti

Adéntrate entero en mi selva
Apacigua esta fiera
y crea un nuevo Amazonas
con tu hermosa boca rosa

Porque solo en tu garganta
el agua se hace tibia
y un fuego azul me recorre la espalda

Ven
tú
a mi playa

Siente en mí algo más pesado
que el perfume de tu abrazo
que el jugo de tus labios

Dame un rincón adiamantado
dame tu olor, dame tus brazos

Rompe el frío de tus frenos
dame de ti un beso

Te vi ligándome

Envuelta de luz
temí la ceguera de una hoguera

Se cruzó un sol paralelo
que me dejó sin reflejos

Era el efecto de tu mirada calma
tu mirada augusta, tu mirada sana

Y una mirada caminando por mi piel
se adueñaba de tu cara y yo temblaba

¿Qué estabas pensando tú?
¿Mirándome y envuelto en tanta luz?

Trepando paredes

Todavía preguntas cómo fue trepar paredes
Es más raro tu interés
que de eso quieras saber

Pues trepé paredes mojada en la cama
amaneciéndome curiosa
Tocándome los versos
amaneciéndome atrevida

Imaginando tu sexo
le pedí al viento mil veces
que me arrastrara adonde tú estabas

Nada

Seguí trepando paredes

Tu imagen siempre fija, firme y calma
yo, lubricada

Tu cuerpo un imán desentendido
y yo ahogando mis gemidos
Loca por conocer los tuyos
fiera por conocer tus ruidos
Allanando mis murmullos
deseándote en mi río

Dame

Dame por dentro
dame ahí, donde duela
Dame sin miedo
quiero ser aguardiente en tu beso

Dame un beso vagabundo
dame un beso sin dueño
Dame ahí
dame duro
dame por donde sabes

Dame tu cuerpo
da-me-ya-tu-se-xo

Ven

Ven aquí
Ven a mí
Sentir
Latir
Fuente
Vente

Okan

Esa parte del cuello
detrás de la oreja
donde termina el cerquillo
y comienza la nuca
se hicieron de ti
para que yo la besara

La besé
y sentí un sorbo
de vino Chianti
bajo la lengua

Al contacto de tu lengua
me dio un ligero sabor a miel cruda

Te rocé
y se movió mi espíritu
en una esquinita del cuerpo
Se movió un poquito hacia arriba
a la izquierda, en el medio

Hombre placentero

Acumulé experiencias de solo segundos contigo
hombre placentero
Culpable tú, niño, hombre divino
a veces tan niño, tan y tan mío

Pasaron años antes de que escribiera yo un poema
ahora los escupo a borbotones
¿Y por qué?
No sé cómo funciona el arte
Podía escribir de todo género y temas
guiones, canciones
rara vez, un poema

Y vienes tú y desatas estas cosas
Hay gente cuya energía con otra
desata pasiones furiosas
Y eso me pasó contigo
hombre placentero
La carencia, la pasión y la locura
me hacen escribir poemas

Ojalá

Los viejos cuadros de Alepo
se destruyeron con el viento
allá en nuestra ciudad
en el mercado más viejo

Y la humanidad cree que eso fue
lo que perdieron los árabes
pero en realidad fue pérdida

de todas las criaturas que respiran

Pienso en la Basílica del Kremlin
pienso en Nueva Zelanda
qué fue lo que pasó
en dónde fue que nos perdimos

Porque si los chinos y el hinduismo
andan por ahí hace 7 mil años
estoy en la ciudad de Jericó
que hace 11 mil años es la más vieja

Pero no es allá, estoy en Puerto Rico
y tropiezo con los pedazos de ti
(tú, mi amo de casa querido)

Tropiezo con tus canciones
y tu sabrosa forma de cocinar

Te tengo tan cargado en el pecho...

Todavía goteo pensándote el empuje:
Ojalá la musa tuviera más cricas en el cuerpo
de las que ya tiene
y ojalá tuviera más rotos para que entraras
y probaras cada pedazo de su carne

Ojalá me abrieras la chocha
con tu gordo bicho, pedazo de carne

Ojalá te teletransportaras en ese horizonte verde
y te dividieras en varios Alejandros a la vez
para que metas la verga deliciosa en mi boca
a la vez que metas tu suculenta verga en la chocha
en el ombligo
en el pelo
en las tetas

en las rodillas
y en el botafangos

Ojalá pudiera hacerlo con 20 Alejandros a la vez
ojalá tuviera soluciones a mis problemas (las tengo)
y por cada Alejandro conquistado te pasaría la lengua

Ojalá por cada disgusto aparecieras tú
como genio de botella
y ofrecieras: "ponte en cuatro"
y acabaras con todos los problemas profundos

Ojalá cuando folláramos
trajéramos la paz al mundo
Dios a los infelices
y felicidad eterna

Que nuestro polvo benigno
cree de nuevo
una mejor humanidad entera
un paraíso recién nacido

Ojalá te teletransportaras adonde mí
en ese lugar escondido y misterioso
de quantum repetido
cuya vida sería follarnos para vivir
vivir unidos
y nunca ser interrumpidos

Ajeno

Esta tipa está bien loca
está bien dura
pero está bien loca
Está loca por que yo se lo meta
Siempre quiere estar donde yo esté
y no me deja

Es incómoda y grosera
Es bien rara con sus palabras
Me escribe poemas, pero está casada
Me dice loqueras, no puedo hacer nada
Se canta de santa, pero es una diabla
Es *random* y me gusta
Quiere, no puedo hacer nada
Esa diabla, putipuerca
Esa puta
Es ella, es libre
Esa mujeriega es la dueña de su cuerpo

En la madrugada

Cuando creo que me estoy curando
vuelvo, caigo y me enfermo
¿Quién puede ignorar al sol
una vez está puesto?

En un cielo líquido
desbordado en tus ojos oscuros
repaso tu energía
infinita de presentes

Desearte me trae un insomnio bestial
Tú, sin saberlo
eres soberano de mi cuerpo

Me da con besarte la lengua
frotarme los dedos
Pedro
Me pones así
bien bellaca
cuando pienso en ti

Pensarte es sentirse
pornográfica y lasciva

En la madrugada
tu imagen me invade
me quita la tranquilidad y el sueño
y tengo que masturbarme
Al final del orgasmo lloro por ti
porque no puedo nadar por tus canales
no puedo abrazarme a tu encuentro

En la madrugada, no sabes
controlas mi cuerpo

Es algo siniestro
El cuerpo se afecta
por lo que dicta la mente
Imágenes prohibidas, salvajes y locas
Pero nunca lo entiendes:
necesito estar en tu boca
cúrame de estas cosas

Hambre

Tengo hambre de mi hombre
de aguantarme de sus hombros
de que conozca la hembra en su nombre

Cómo te quiero

Tengo que vivenciarte
inventarme palabras porque no las tengo

Aún descuidando el diccionario
no soy capaz de describir esto

Se esconde en un misterio
decidido por un juego

Un pedazo de luz
que se viste de reflejos

Si por dentro tengo los ojos
¿por qué no me puedo ver por dentro?

Y si te amo como amiga
¿por qué te quiero con sexo?

Entonces, no sé
no conozco
no entiendo

Anillo de Saturno

¿Cómo es que me hagas tanta falta
y tú allá como si nada?
¿cómo es que duermas tranquilo
y me amanezcas y me quites sueño?

¿Cómo es que te has ido?
¿cómo te suplico?
¿Cómo así tan bello, despistado e indiferente
mientras tu sexo me revuelca la mente?

Ven y revuélcate con Juno
como un huracán caliente
Ven al anillo de Saturno
a oír gemidos silentes

Tornado de fuego

Después de un espacio
después de un tiempo
se mece una realidad metida en tu pelo:
soy tornado de fuego en el desierto

Siguen los duendes, los hongos, los elfos
siguen las bestias, siguen Cien Miedos
por el latir despacio de tu cuerpo

Se enciende una lámpara, me llamas
me calzas
me haces feliz
en la llamarada

Intimar contigo

Hay un espacio en tu piel
entre tu alma y tus lunares
De ahí quiero beber
y conocer el jugo de Marte

Hay un espacio en tu boca
que mis ansias deshoja
El encuentro con tu lengua
me hace diosa, me hace loca

Y en el espacio de tu cuello
quiero dormir sin tregua

En la lozanía de tu pecho
revolver mis pudores

Y en las planicies de tu cuerpo
explorar tus sudores
desbocarme como una yegua
correr desnuda y sincera

En el Olimpo

Delirando, desvariando
no estoy en presencia de un dios del Olimpo

Una calentura
bellaquera pura
porque estoy segura
que si lo veo le brinco
para que haga conmigo
eso que yo le pido

Pero me lanza al abismo
al vacío y al olvido

Caras

Empezamos en la sala
me jalaste del brazo
y me ofreciste la boca
con la forma de un beso

Te empezaste a masturbar
y de pronto te quedaste
mirando pal carajo
¿qué le pasa a este muchacho?
¿en qué estará pensando?

Estabas más allá que acá
¿en dónde estabas?

Te sobabas la mandarria
y yo esperando
No pasaba nada
y empecé yo

Métemelo por favor
"No"

Necesito un condón
"No"
Te lo ruego
"No"
Que me lo metas por favor

Tu mirada seguía ausente
y estabas bien distraído

Me levanté del mueble
Ahí paraste y se te fue la hipnosis
regresaste a la escena
y en el piso me arrodillé ante ti
Métemelo por favor
"Está bien"

Accediste, no porque querías
sino porque no soportaste verme arrodillada
y humillada

Te acomodaste
te pusiste un condón verde monte
y leíste el empaque en voz alta
"Tropical"
Me senté en medio del sofá
y abrí las piernas
Me sentí como un polluelo en el nido
cuando le van a dar de comer

Así como abren el pico
ofrecí yo la chocha
y me diste de comer

Entrabas, te retirabas un poco
entrabas y me dejaba llevar
por las sensaciones vibrantes

de tenerte cerca
de tenerte de frente
y tenerte dentro

Escudriñé la energía de tu aura
(eres una montaña rusa
un dios de sexo adrenalina
que drena hasta la última gota de placer)

Sentí tu peso en mi peso
sentí esa euforia de lo nuevo
sentí esa rica curiosidad sexual
sentí el espíritu novedoso
que crecía entre tú y yo
de tu sexo con mi sexo

Chocaba mi boca con tu aliento
yo estaba en el mismo cielo
grabando lentamente
la experiencia de ti en mi piel desnuda

Tu mirada estaba baja
Tu mirada concetrada en lo que metías y sacabas
completamente presente

Qué delicia abrir la casa con tu intimidad
Tenerte dentro es escalofriante
(Qué dulce fue tenerte dentro
todavía lo recuerdo)

Después me cargaste
Intentaste hacer una pirueta
que no te salió
y te dio calambre en las piernas
ahí nos despegamos

Pensaste que mi flaqueza
no pesaba nada más que cien libras
y que cien libras no pesaban nada
Notaste que te equivocaste
y cambiaste de estrategia

Me cogiste sutil en la esquina del mueble
tierno, sin prisa y delicadamente
te deslizaste en mí
y el impacto de tu tamaño entrando
me dio un cosquilleo de túnel que abre carne
y el placer fue tanto que me desahogué
con tímido grito
gemí suave y punzado, como si fuera porno
y me besaste para ahogarme el gemido

Me seguiste besando
para que no hiciera ruidos
(qué rico)

Nos bañamos
Salimos a comer
Teníamos hambre

Más tarde me tiraste a la cama
(no sabes lo sexy que te ves haciendo eso)
Condón rojo puesto
me abriste las piernas por debajo de la falda
y te volviste a meter
y el ancho de tu espalda
se movía inquieta entre la sábana

Observé detalles
todo completo
te observé cada movimiento
cada gesto

Me inmovilizaste
y me metiste bicho adentro
pa dentro
como si yo no tuviera fondo
y fue tan rico y salvaje
que me dejaste marcas en los hombros

Yo pronunciaba tu nombre
como un mantra infinito
qué deleite

Y tú me dabas y me dabas
me diste palmaditas en la cara
con cierta agresión falsa
como si yo fuera mala
y eso me sorprendió
y en la sorpresa
me encendió

Me extendiste la pierna derecha
y me lo seguías metiendo duro

Me apretaste tanto
que me dejaste los dedos
marcados en las rodillas

Cerraste fuerte los ojos
entreabriste la boca
moviste la cara hacia el lado
mientras me embestías
Se te notaba el placer
Se te notaba el sexo en la cara
y a mí me encantaba

Respirabas fuerte
tu respiración se aceleraba
jadeabas

pusiste los ojos blancos
los cerraste

Abriste los ojos tan solo un poco
te mordiste los labios sexosos
tenías una escena rica
de esfuerzo agresivo en el rostro

Se te arrugó el ceño, de placer
se te arrugó la frente, de placer
te veías aún más bello

Tu piel tomó un tono brillante
como un claroscuro de Da Vinci
y se me pararon los pelos
se aceleró tu corazón
Tu piel entonces empezó
a tomar un tono rojo bellaco
y puntitos de salpullido blancos

Estabas bien bellaco...

Yo estaba en *shock*
yo no podía creer
que había manera de que te vieras
aún más bello
Eres aún más hermoso todavía
cuando estás teniendo sexo
y yo, yo no podía creer eso
ni lo que estaba viendo
O sea, la gente se asea para verse bien
se recorta, se baña para estar presentable
se pone colores y cierta ropa para atraer
se perfuma, se broncea, hace ejercicios
se hace cirugías, se pone cremas
se pone filtros en las fotos
coge terapia para verse mejor

y tú cuando tienes sexo te ves aún más bello
sin hacer nada de eso

Te relajaste un tanto
pusiste los ojos chiquitos, rendidos
Y te rendiste a mí por un rato
estabas sumiso
te susurré verdades

"Te odio, te odio, te odio"
me dijiste durante tu éxtasis tranquilo
ahí cerraste los ojos
y tu mente se fue de nuevo pa otro lao

"Puta, puta, puta"
"Tú no me amas na,
tú lo quieres es este bicho"
"Suéltate el pelo, te quiero ver"
*"She's weird and awkward
but I would date her"*
"Mi problema contigo
es que eres casada"
"Me gusta que hables"
"Eso me gusta"
"Me encanta pelúa"
 "Tienes las batatas duras
no sé de qué ejercicio"
"Puta, puta, puta, puta"
"Te odio, te odio, te odio, te odio"
"Does it turn you on?"
"Me puedes besar
coger la mano, lo que tú quieras"
"¿Estás bien?"
 "Me voy a venir"
"Ponte en cuatro"
"Mírame"
"Báilame"

"Déjame verla"
"Ya pa lo que falta...
pa eso me pongo el condón"
"¿Con consentimiento?"
"Se siente cabrón"
"Tienes un rizo que no me deja verte"
"Haz eso de nuevo"
"¿Ese es tu culito? ¿Bien pelúa alfrente
y sin pelo en el culito?"

Cambiamos de posición
te volviste a acelerar
abriste los ojos grandes
como sacando la mano de un pozo
la boca la abriste grande
sorprendido
"Nunca había visto que alguien mojara tanto"-dijiste
Y ahora que te pienso te digo:

Fue el cielo ver todas tus caras de sexo

Juegos mentales

Me he fijado...
me he fijado en lo rico que sabe tu nombre
escucharlo ha hecho en ocasiones que me moje

Me he fijado
en cómo me trabajan esas cosas que me dices
Me he fijado que tengo 46 y tú 23
que las mujeres a mi edad
son cuando más sabrosas están, en su punto

atómicas en la cama
follería rugiente

Me he fijado en cómo me trabaja saber
que por tu casa han merodeado otros anillos
Envidiosa pregunto:
¿Quién fue? ¿Quién pudo? ¿Quién habrá sido?

Me he fijado en cómo me trabaja eso entre las sienes
Me he fijado como me intoxica saber esos detalles
de que hace meses que no comes caliente

Daría el mundo, la vida
por juntar tu tierra con la mía
y recibirte un diluvio de orgasmos en la vagina

Yo gozaría mucho
al infinito
Tú también gozarías
te lo aseguro

Con esa virginidad oportuna
Uf estás en tu punto:
joven, duro, bellaco y sabroso

Me he fijado en cómo estas cosas me trabajan la
mente
Me he fijado que con esa dieta estás tierno y delicioso
y yo jugosa aquí, relambiéndome, trepando paredes

"Nadie quiere tener sexo"
me dijiste una vez
(deliro, gimo)
"Nadie quiere tener sexo"
(ay, Dios mío)
Me he fijado en cómo me traban esas cosas
esas cosas en la mente

Ojalá leyendo todo
trepes tú también paredes

Ojalá que todo esto te trabaje la mente
para que resaltes
y en la energía del pensamiento lanzado al viento
se pueda concretar lo nuestro

Y ojalá te casquetees
y pienses en mí siempre
Ojalá que estas cosas te trabajen la mente

ÍNDICE

Salud y dietética sexual

Sensualidades de pensamiento y espíritu

Arte, gramática y *sextaxis*

La frecuencia de lo cotidiano

Naturaleza de contactos al aire libre

Fantasías de lo posible

Referencias

Nagoski, Emily: *Come As You Are*. Simon and Schuster Paperback. (2015) Print. (Edición en español: *Tal como eres*)

Taylan, Durul; Taylan Yağmur; Alp Akaydın, Yağiz y Baykal, Mert. *Magnificent Century* (2011)
Tims Productions, Turquía.

Amarantha, Shakti.
http://moderntantra.blogspot.com/

Otras referencias

Mateja Petkovic (Milkformycoconut)
https://www.instagram.com/milkformycoconut/?hl=es

Mrzyk & Moriceau
https://www.instagram.com/mrzyk_moriceau/?hl=es

Papaya Tropical
https://www.facebook.com/PapayaTropical/

Rubén Rolando
https://www.instagram.com/ruben_rolando/?hl=es

Senior Coconut (milkmycoconuts)
https://www.instagram.com/milkmycoconuts/?hl=es